Das Krokodil beim Zahnarzt

Text: Kristina Dunker | Illustrationen: Julia Neuhaus

Zahnarzt Xaver Zange kennt alle Zähne beim Namen: Schneidezahn, Stoßzahn, Reißzahn, Eizahn, Milchzahn, Butterstummel ... Jeden Morgen zählt er sie auf dem Weg zu seiner Praxis auf: »Steiler Zahn, hohler Zahn, süßer Zahn ...«
»Weißt du, wie viel Zähnlein steeehen?«, singen die Vögel in den Bäumen.
»Lacht nicht, ich muss mich konzentrieren«, antwortet Xaver, »Eckzahn, Hungerturm, Schiefer Stinker ...«
»Dem armen Kleinen klappern die Zähne«, flöten die Vögel mitleidig. Nur sie und er wissen, was niemand glauben mag: Er, der von allen gefürchtet wird, hat Angst vor seinen Patienten.

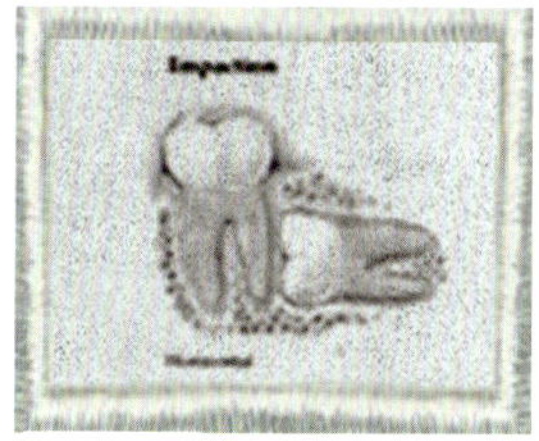

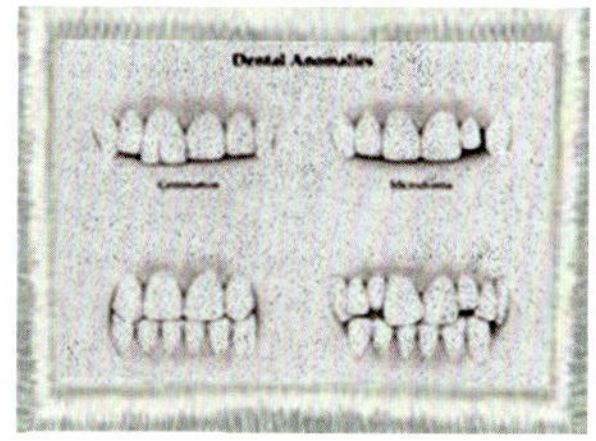

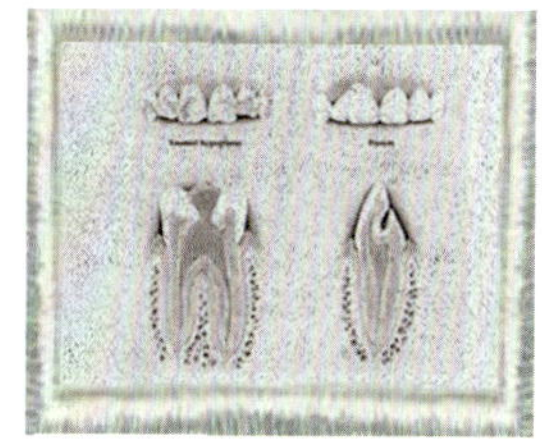

Für die, denkt er, bin ich ein Monster. Warum sonst zögern sie an der Tür, zittern auf den zahnfleischrosa Stühlen im Wartezimmer? Die Hasenfüße zupfen an ihren Ohren, die Mucksmäuschen zwirbeln ihre Schnurrhaare, und die Leseratten zerfleddern die Zeitschriften. Am schlimmsten sind die Zicken, die Zeter und Mordio schreien. Die zucken zusammen, sobald er nur sein Spiegelchen zückt. Ihre Knochen klirren wie Eiszapfen, und in ihren Nasen gefrieren die Popel. Dabei will Xaver ihnen doch helfen.

Wie anders ist da der Kunde, der an diesem Tag die Praxis entert! Der Patient wartet nicht, er drängelt sich vor.
Er stößt mit seinem langen Schwanz den Glasschrank mit den Gebissabdrücken um. Er sperrt sein Maul auf und grinst Xaver über beide Backen an.
»Ein Krokodil habe ich noch nie behandelt«, sagt der Doktor, »ich dachte, eure Zähne wachsen nach?«
»Stimmt«, knurrt die Panzerechse gut gelaunt, »aber sieh mal, wie schief und schmutzig sie sind!«
Xaver beugt sich vorsichtig vor: »Krummsäbel, Klinge, Amboss, Todesdolch ...«

»Jaha, ich bin bewaffnet!« Das Krokodil freut sich und wuchtet seinen Körper auf den Behandlungsstuhl. »Einmal schrubben und geradebiegen, bitte!«, ruft es und macht es sich bequem.

Zu klein der Stuhl! Der Schwanz fegt das Tischchen mit den Instrumenten um, die Zacken bohren Löcher ins Gummi der Rückenlehne, und die Nasenspitze lässt die Lampe klirren.

Das Krokodil lacht. »Ich hab mich noch gar nicht vorgestellt.« Es streckt die Tatze aus. Und die ist mal kein schweißnasses Pfötchen, wie es Xaver sonst gewöhnt ist! »Hansi heiß ich!«

»Ist das nicht ein Name für Wellensittiche?«

»Von denen habe ich schon einige gefressen.« Hansi lacht so heftig, dass der Stuhl wackelt. »Kleiner Scherz, mein Freund! Nun, los! Meine besten Stücke sollen leuchten wie eine Lichterkette!« Er klappt das Maul auf, und der riesige Raubtierrachen gähnt Xaver entgegen. Diese Bestie könnte ihn in einem Stück verschlingen. Doch die gelben Äuglein blitzen gutmütig.

Also beginnt Xaver, sanft und sorgsam. Hansi hat Karies und ein Loch. Xaver muss bohren und gibt der Echse eine Spritze.
»He, das kitzelt!«
»Das ist das Mindeste. Ich leiste hier Schwerstarbeit! Aus deinem Zahnstein könnte man ein ganzes Gebirge machen, und für das Säubern deiner Zahnzwischenräume brauche ich ein Seil ...«
»Ich bin ein fetter Brocken, was?« Hansi schlägt sich vor Lachen auf den Bauch, und der Doktor fällt mit einem lauten Plumps auf den Hosenboden. Was wohl die Leute draußen denken? Erst recht, als er den Absaugeschlauch nimmt und das Krokodil diesen ohne Vorwarnung zerbeißt und mit Getöse aus der Verankerung reißt. »Entschuldigung«, kichert Hansi, »das war nur so ein Reflex.«
»Da kann man ja richtig Angst bekommen«, entgegnet Xaver und wundert sich, dass er gar keine hat. Im Gegenteil: Er fühlt sich leicht wie ein Vogel. Noch nie hat ihm seine Arbeit so viel Spaß gemacht. Er feilt und poliert und pfeift vor sich hin.

Das Krokodil zerstört mit seinen Krallen versehentlich noch das kleine Waschbecken, schläft dann aber ein. Als ihm Xaver zuletzt voller Stolz den Spiegel vor das strahlende Gebiss hält, ist Hansi sehr angetan. »Ich danke dir, mein Freund. Es war mir ein Vergnügen! Und jetzt geh ich zur Maniküre!«

Xaver nickt ihm zu, dann öffnet er das Fenster.
»Weißt du, wie viel Zähnlein steeeehen?«, necken ihn die Vögel in den Bäumen.
»Ich weiß es«, sagt er gelassen, »aber jetzt mache ich Feierabend.«

Und er steigt hinaus und schwebt auf dem frischen Atem des Frühlings davon.

Kristina Dunker, Jahrgang 1973, studierte Kunstgeschichte und Archäologie in Bochum und Pisa. Ihr erstes Buch veröffentlichte sie mit 17. Seitdem hat sie mehrere Romane für Jugendliche veröffentlicht und schreibt seit einiger Zeit auch für Kinder (und für den Gecko). Ihr nächstes Kinderbuch »Vorhang auf für Flip« erscheint Ende des Jahres. www.kristina-dunker.de

Julia Neuhaus ist freiberufliche Illustatorin. Das ist ein toller Beruf, denn man kann Bilder für Bücher, Trickfilme und andere Kindermedien schnipseln, zeichnen, malen! www.julianeuhaus.de

Olga und der Opahase

Text: Renus Berbig | Illustrationen: Ulf K.

An Ostern versteckt der Osterhase die Ostereier. Das sagen alle. Da kannst du fragen, wen du willst. Nur bei Olga ist das leider nicht so. Da macht das der Opahase. Olga weiß das ganz genau. Denn sie hat ihn erkannt, obwohl er sich Hasenohren aufgesetzt hat.

Ohne die Ohren ist das nämlich ganz klar der Opa.
Den Opa hat Olga sehr gern, weil er mit ihr immer viel
Quatsch macht und spannende Rätsel kennt.
Aber er ist auch sehr vergesslich und manchmal ganz
schön zerstreut.

Und genau das war an Ostern ziemlich blöd.
Weil Olga nur fünf Ostereier gefunden hat.
Obwohl der Opa gesagt hat, da müssten noch viel mehr sein. Er hat ihr sogar beim Suchen geholfen. Aber alles, was sie gefunden haben, waren die Hasenohren.

Ja, ja, der Opa hat natürlich so getan, als wüsste er nichts vom Opahasen. Olga hat ihm aber nicht geglaubt.
So vergesslich ist der Opa dann doch nicht.

Wenigstens konnte Olga mit den Hasenohren Olgahase spielen. Was auch nicht schlecht war. Trotzdem: Die ganzen anderen Ostereier, die der Opahase versteckt hat, hat auch der Olgahase nicht gefunden.

»Irgendwann tauchen sie schon wieder auf«,
hat der Opa den Olgahasen getröstet.
Und so war es ...

Das erste fand Olga zwei Tage
später in ihrem Frühstücksmüsli.

Das zweite entdeckte sie, als draußen im
Garten alle Tulpen bis auf eine verblüht waren.

Das dritte kam zum Vorschein, als Olga
eines Morgens beim Sockenanziehen
so eine komische Beule am Fuß hatte.

Das vierte fand sie in einem Buch.
Und auch wenn es inzwischen ganz schön plattgedrückt war, so war es doch eindeutig einmal ein Osterei gewesen.

Zu dem fünften führte sie eines Tages
eine Ameisenstraße.

Das sechste tauchte erst im Sommer
wieder auf. Als sie sich Eiswürfel in die
Limonade tun wollte.

Die Ostereier Nummer sieben und acht waren Olgas größter Spaß, als sie mit der Oma in die Oper ging. Alle anderen merkten nix.

Und die letzten Eier brachte der Nikolaus.
Er hatte eine gewisse Ähnlichkeit mit dem Opahasen.
Aber das fand Olga jetzt gar nicht mehr blöd.

Renus Berbig, geboren 1965, studierte Kommunikationswissenschaften, Soziologie und Sozialpsychologie in München, wo er heute als freier Autor mit seiner Familie lebt. Er schreibt Geschichten und Hörspiele für den BR (u.a. Sonntagshuhn, Betthupferl). Außerdem erschienen von ihm bei dtv die Kinderbücher »Unglaubliche Weihnachten«, »Die eiligen drei Könige« und »Das Wahnsinnweihnachtswunder«.

Ulf K., Jahrgang 1969, verbrachte seine Kindheit, Jugend und die Zeit danach im Herzen des Ruhrgebiets. 2004 wurde er als bester deutschsprachiger Comiczeichner mit dem Max-und-Moritz-Preis ausgezeichnet. Ulf K. lebt heute mit seiner Familie in Düsseldorf. www.ulf-k.blogspot.de

Wortsport

Text und Illustration: Stefanie Duckstein

Denti fühlt sich duselig

Text: Katja Schönherr | Illustrationen: Mascha Greune

Denti Schneidezahn wohnt in Alexas Mund, im Unterkiefergebissgeschoss. Dunkel ist es dort und ziemlich eng, denn Denti ist von neun Nachbarn umgeben; obendrüber wohnen auch nochmal zähn. Aber das alles stört Denti nicht.

Was Denti stört, ist, dass ihm
so duselig ist in letzter Zeit.
Und wenn Alexa mit ihrem Zeigefinger
an ihm herumfummelt, was sie sehr oft tut,
dann fühlt sich Denti gleich noch viel
duseliger, irgendwie schief.

Auch will ihm nichts mehr schmecken. Alles, was er früher gernhatte, findet er jetzt fad. Neulich war Alexa mit ihm auf einem Geburtstagsfest: Nicht mal der Geschmack des braunglänzenden Schokokuchens mit den buntglänzenden Schokolinsen drang zu ihm durch.

»Mir ist so duselig«, jammert Denti.
»Dann fall doch aus!«, sagt einer seiner Nachbarn, Eckbert Eckzahn.
Denti überlegt, wohin er fallen könnte.

Noch ehe er eine
Antwort weiß, beißt Alexa
in eine Leberkässemmel.
Denti bleibt stecken.

Alexa jubelt, »Juchuuu!«, und pult
Denti aus der Semmel.
Sie schauen einander lange an.
Noch nie hat Denti Alexa von außen
gesehen. Nett sieht sie aus.

Denti beginnt zu frieren. Alexa holt eine kleine runde Holzdose. Ein Stück Samt liegt darin. Alexa legt Denti darauf ab. »Tschüss, süßer Milchzahn«, sagt sie. »Ich brauche größere Zähne, weißt du.«

Als Alexa die Dose schließt, hört Dentis Dusel endlich auf. Es wird kuschelig und wieder so dunkel, wie er es von Alexas Mund gewöhnt ist. Ein paarmal gähnt Denti noch, dann schläft er ein und träumt von der Zahnfee.
Ein zauberhafter Traum.

Katja Schönherr, Jahrgang 1982, ist in Dresden aufgewachsen, hat Journalistik und Kulturwissenschaften sowie Literarisches Schreiben studiert. Als freie Autorin lebt sie mit ihrer Familie in der Schweiz. Im Sommer badet sie gern im Zürichsee, im Winter aber lieber in der Wanne.

Mascha Greune hat Kommunikationsdesign in Augsburg studiert. Einige Jahre arbeitete sie als Grafikerin, dann konzentrierte sie sich ganz auf die Illustration. Seither zeichnet und malt sie unermüdlich und hat mittlerweile zahlreiche Bücher für Kinder und Erwachsene illustriert. Sie lebt mit ihrer Familie bei München. www.mascha-greune.de

Li-La-bor

Versuche für kluge Köpfe. Vom »Haus der kleinen Forscher«.

Das Ei im Schutzanzug

Sauer ist nicht immer lustig – für Zähne und für Eier jedenfalls nicht. Aber was genau passiert eigentlich beim Zähneputzen, und können wir die Zähne vor zu viel Säure schützen? Mit einem Hühnerei, Zahngel und ein paar Küchenutensilien kannst du es ganz leicht erforschen.

Zum Versuch hier lang!

Illu.: Mascha Greune

Lege diese Dinge bereit:

Fluoridgel

ein braunes Ei

ein Trinkglas

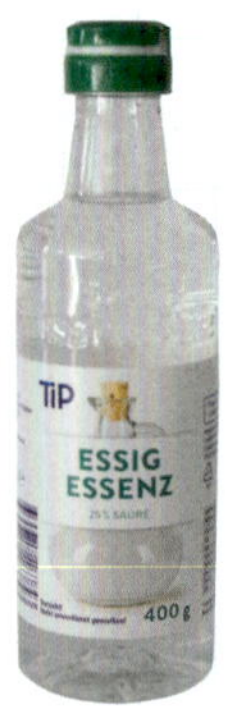

Essigessenz

einen wasserfesten Stift

einen Teelöffel

eine Lupe

Losforschen:

1

Fülle das Glas etwa halbvoll mit klarem Wasser.
Mische drei Teelöffel Essigessenz hinein.

Fotos: Petra Wiedemann

2

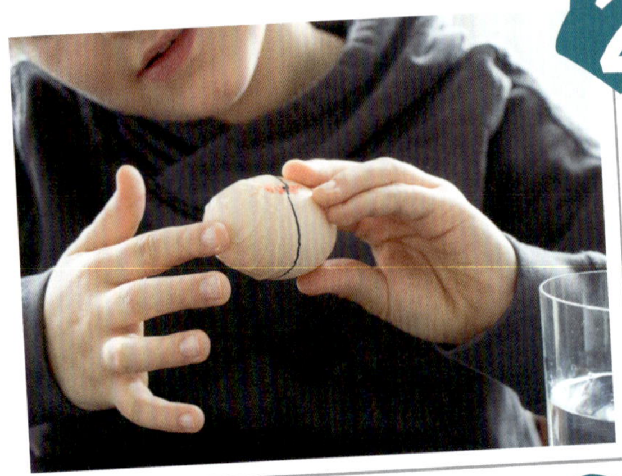

Markiere mit einem Stift eine Fläche auf dem Ei, zum Beispiel einen Kreis.
Bestreiche die Fläche mit Fluoridgel.

3

Lege das Ei mit dem Zahngel in das Glas mit der Essig-Wasser-Lösung.

4

Forscher-Tipp:
Zum Vergleich kannst du ein zweites Ei in ein Glas normales Wasser geben. Wie ist hier das Ergebnis?

Was passiert nun? Unter einer Lupe kannst du es ganz genau sehen.

Was passiert da?

An den Stellen ohne Gel bilden sich nach kurzer Zeit viele winzige Gasblasen. Dort greift die Essigsäure die Eierschale an. Wo das Fluoridgel aufgetragen wurde, bilden sich erst später und nur wenige Blasen. Das Gel schützt also die Schale.

Das funktioniert bei deinen Zähnen genauso, denn der Zahnschmelz besteht wie die Eierschale unter anderem aus Kalzium. Essensreste werden im Mund von Bakterien zu Säure umgewandelt. Säure löst aus dem Zahnschmelz das Kalzium heraus und weicht ihn dadurch auf – es gibt Löcher.

Beim Zähneputzen entfernst du Essensreste und trägst gleichzeitig Fluorid auf. Das hilft dabei, das Kalzium im Zahnschmelz zu halten. Die Gefahr, dass sich im Zahnschmelz durch die Säuren Löcher bilden, wird kleiner.

Wie oft du fluoridhaltige Zahncreme verwenden solltest, erfährst du beim Zahnarzt.

Comic: Bettina Bexte

von Ina Hattenhauer

DAS ausgelassene ABC

Ohne U wird ein Haufen zum Hafen.

Und der Bauch wird ein …

Die Auflösung findest du auf Seite 50.

Text und Illustration: Mascha Greune

Horst und Helga gibt es nur im Doppelpack. Sie sind beste Freunde! Auch wenn sie ständig aneinander vorbeireden. Denn auch Worte gibt es oft im Doppelpack: Ein Wort, zwei Bedeutungen. **Welches Wort ist es diesmal?**

FAMILIE Fluse

WIE WOLLMÄUSE WOHNEN

Gestaltung und Bild: Katrin Wiegand

DER APFEL

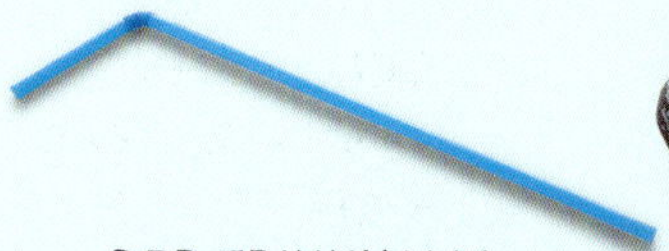

DER TRINKHALM

DIE STIRNLAMPE

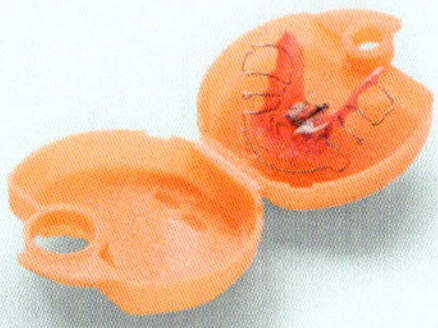

DIE ZAHNSPANGENDOSE

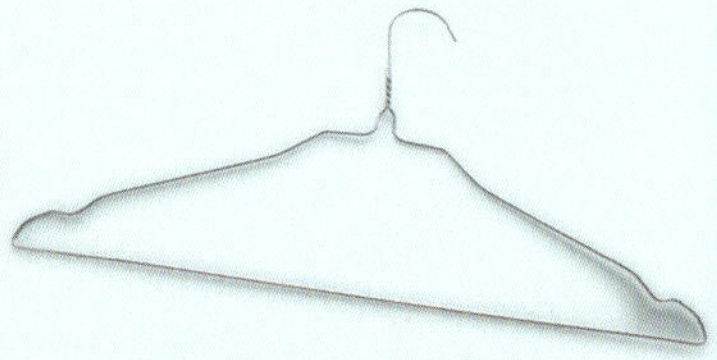

DER DRAHTBÜGEL

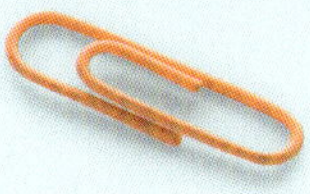

DIE BÜRO-
KLAMMER

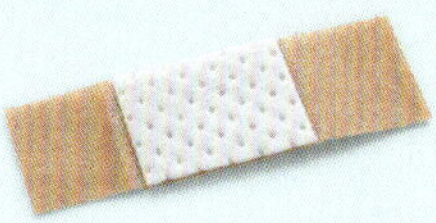

DAS PFLASTER

DAS MONITORKABEL

DAS WATTE-
STÄBCHEN

ZÄHNEPUTZEN NICHT VERGESSEN!
FINDEST DU DIE DINGE, MIT
DENEN FLUSES DIE WOLLMAUS-
ZAHNARZTPRAXIS EINGE-
RICHTET HABEN?

Geckodicht

Text: Mathias Jeschke | Illustration: Inga Knopp-Kilpert

Selbstlaute

Aaahh! Ich hab's gepeilt, capito!
Na, jetzt ist mir alles klar. Aha!

Nee, ne?! Das darf ja wohl nicht wahr sein!
Wie ist denn das passiert? Oje!

Iiiieehhh! Wie ist das ekelig!
Das ist ja richtig gruselig. Igittigitt!

Booooahhh! Das ist ja toll, Mensch!
So ein oberaffenstarkes Ding. Oha!

Puuuhh! Das ging ja grade noch mal gut!
Um ein Haar wär es schiefgelaufen. Uff!

Mit dem A hast du's verstanden.
Mit dem E bist du enttäuscht.
Mit dem I musst du dich grausen.
Mit dem O kannst du gut staunen.
Mit dem U ist's überstanden.

Aha! Oje! Igitt! Oha! und Uff!
Wie gut, dass es Vokale gibt.
Und wer auch immer sie erschuf –
sein Herz war ziemlich sprachverliebt.
Aha! Oje! Igitt! Oha! und Uff!

Gecko kommt gern zu dir nach Haus!

Gecko lesen macht im Abo am meisten Spaß. Alle 2 Monate landet die neueste Ausgabe in deinem Briefkasten. Einfach die Postkarte ausfüllen, ausschneiden, abschicken und sich drauf freuen!

Gecko abonnieren

- ○ **Ja, ich bestelle ein Gecko-Jahresabonnement** zum Preis von € 38,80 für 6 Ausgaben pro Jahr. Den Bezug kann ich jederzeit beenden.
- ○ **Ja, ich möchte ein 3-Hefte-Schnupperabo** für insgesamt € 19,40. Bestelle ich Gecko zwei Wochen nach Erhalt des dritten Heftes nicht ab, beziehe ich Gecko weiter zum Abo-Preis von € 38,80 für 6 Ausgaben pro Jahr. Den Bezug kann ich jederzeit beenden.
- ○ **Ja, ich möchte ein Gecko-Abonnement verschenken.** Der oder die Beschenkte erhält Gecko 6x zum Abo-Preis von € 38,80. Nach sechs Ausgaben endet der Bezug des Geschenkabos automatisch. Bitte vermerken Sie die Lieferadresse auf der Rückseite dieser Karte.
- ○ **Ja, ich möchte ein Mini-Geschenkabo.** Der oder die Beschenkte erhält Gecko 3x zum Abo-Preis von € 19,40. Nach drei Ausgaben endet der Bezug des Geschenkabos automatisch. Bitte vermerken Sie die Lieferadresse auf der Rückseite dieser Karte.

Alle Preise beinhalten MwSt. und Versand.

Sie möchten Gecko ins Ausland bestellen oder haben Fragen? Den Gecko-Leserservice erreichen Sie unter:
Telefon +49 (0) 89-85 85 35 32
E-Mail: abo@gecko-kinderzeitschrift.de

○ **Ich zahle gegen Rechnung (bitte Rechnung abwarten)**

○ **Ich zahle bequem per SEPA-Lastschrift:** Rathje & Elbel GbR, München, Gläubiger-Identifikationsnummer: DE59ZZZ00001113146
SEPA-Lastschriftmandat: Ich ermächtige Rathje & Elbel GbR, Zahlungen von meinem Konto mittels Lastschrift einzuziehen. Zugleich weise ich mein Kreditinstitut an, die von Rathje & Elbel GbR auf mein Konto gezogenen Lastschriften einzulösen. Hinweis: Ich kann innerhalb von acht Wochen, beginnend mit dem Belastungsdatum, die Erstattung des belasteten Betrages verlangen. Es gelten dabei die mit meinem Kreditinstitut vereinbarten Bedingungen.

Kontoinhaber

IBAN

Name des Kreditinstituts / BIC

Ort, Datum, Unterschrift

Diese Bestellung kann ich innerhalb von 10 Tagen schriftlich (per Post oder E-Mail) widerrufen. Zur Fristeinhaltung genügt die Absendung des Widerrufs innerhalb der 10 Tage (Poststempel bzw E-Mail-Versand). Diese Angebote gelten nur in Deutschland und Österreich. Weitere Auslandspreise erhalten Sie auf Anfrage bei unserem Leserservice: Telefon +49 (0)89-85 85 35 32,
E-Mail: abo@gecko-kinderzeitschrift.de Rathje & Elbel GbR, Camerloherstraße 40, 80686 München.
Unsere Datenschutzerklärung finden Sie unter www.gecko-kinderzeitschrift.de/datenschutz/

Ich habe Gecko kennengelernt über:

○ **Buchhandlung** ○ **Presse** ○ **Internet** ○ ______
○ **Arztpraxis** ○ **Freunde** ○ **Kindergarten** ○ **Bibliothek**

Gecko weiterempfehlen

✗ Der neue Abonnent:

- ○ **Ja, ich bestelle ein Gecko-Jahresabonnement** zum Preis von € 38,80 für 6 Ausgaben pro Jahr. Den Bezug kann ich nach Erhalt der sechsten Ausgabe jederzeit beenden.
- ○ **Ja, ich verschenke ein Gecko-Abonnement** zum Preis von € 38,80. Nach sechs Ausgaben endet der Bezug des Geschenk-Abonnements automatisch.

Name, Vorname des Kindes **Geburtsdatum**

Name, Vorname des Bestellers

Straße, Hausnummer

PLZ, Ort **Land**

E-Mail-Adresse **Telefon**

✗ Der Empfänger des Posters:

○ **Ich habe einen neuen Gecko-Abonnenten geworben** und erhalte das ABC-Poster.

Name, Vorname des Werbers

Straße, Hausnummer

PLZ, Ort

Telefon **E-Mail-Adresse**

Versandadresse bei Geschenkabos:

Name, Vorname des Beschenkten **Geburtsdatum**

Straße, Hausnummer

PLZ, Ort **Land**

Das Abo beginnt mit der jeweils aktuellen Ausgabe. Der neue Abonnent und der Empfänger des Posters dürfen nicht identisch sein. Die Zusendung des Posters erfolgt nach Eingang der Zahlung des neuen Abonnenten. Sie müssen nicht selbst Abonnent sein, um einen neuen Abonnenten zu empfehlen. Dieses Angebot gilt nur, solange der Vorrat reicht.
Auslandsangebote auf Anfrage.

Ist die Postkarte schon weg?

Macht nichts, denn das Gecko-Jahresabo, das Geschenkabo, das Schnupperabo und das Prämienabo bekommst du auch im Gecko-Onlineshop (www.gecko-kinderzeitschrift.de/shop) und beim Gecko-Leserservice: Telefon +49 (0) 89-85 85 35 32, Telefax +49 (0) 89-85 85 36 25 32, E-Mail: abo@gecko-kinderzeitschrift.de

Bitte ausfüllen:

Name, Vorname des Kindes ______ Geburtsdatum ______

Name, Vorname des Bestellers ______

Straße, Hausnummer ______

PLZ, Ort ______ Land ______

E-Mail-Adresse ______ Telefon ______

Versandadresse bei Geschenkabos:

Name, Vorname des Beschenkten ______ Geburtsdatum ______

Straße, Hausnummer ______

PLZ, Ort ______ Land ______

Bitte ausreichend frankieren

Antwort

InTime Media Services
Aboservice Gecko Kinderzeitschrift
Bajuwarenring 14
82041 Oberhaching

Bitte ausfüllen (neuer Abonnent):

○ **Ich zahle gegen Rechnung (bitte Rechnung abwarten)**

○ **Ich zahle bequem per SEPA-Lastschrift:** Rathje & Elbel GbR, München, Gläubiger-Identifikationsnummer: DE59ZZZ00001113146.
SEPA-Lastschriftmandat: Ich ermächtige Rathje & Elbel GbR, Zahlungen von meinem Konto mittels Lastschrift einzuziehen. Zugleich weise ich mein Kreditinstitut an, die von Rathje & Elbel GbR auf mein Konto gezogenen Lastschriften einzulösen. Hinweis: Ich kann innerhalb von acht Wochen, beginnend mit dem Belastungsdatum, die Erstattung des belasteten Betrages verlangen. Es gelten dabei die mit meinem Kreditinstitut vereinbarten Bedingungen.

Kontoinhaber ______

IBAN ______

Name des Kreditinstituts / BIC ______

Ort, Datum, Unterschrift ______

Diese Bestellung kann ich innerhalb von 10 Tagen schriftlich (per Post oder E-Mail) widerrufen. Zur Fristeinhaltung genügt die Absendung des Widerrufs innerhalb der 10 Tage (Poststempel bzw. E-Mail-Versand). Diese Angebote gelten nur in Deutschland und Österreich. Weitere Auslandspreise erhalten Sie auf Anfrage bei unserem Leserservice, Telefon +49 (0)89-85 85 35 32, E-Mail: abo@gecko-kinderzeitschrift.de Rathje & Elbel GbR, Camerloherstraße 40, 80686 München.
Unsere Datenschutzerklärung finden Sie unter www.gecko-kinderzeitschrift.de/datenschutz/

Bitte ausreichend frankieren

Antwort

InTime Media Services
Aboservice Gecko Kinderzeitschrift
Bajuwarenring 14
82041 Oberhaching

Auflösung von Seite 42: Traum – Tram (Traumfänger – Tramfänger, Brautkleid – Bratkleid; Haufen – Hafen (Ameisenhaufen – Ameisenhafen) Daumen – Damen; Maul – Mal (Maulkorb – Malkorb, Maulesel – Malesel); Bierbauch – Bierbach; Blau – bla (Blaubeeren – Bla-Beeren)